T0209100

Mi Pluma en las Manos del Señor

Milagros Arzola

authorHOUSE

AuthorHouse™
1663 Liberty Drive
Bloomington, IN 47403
www.authorhouse.com
Teléfono: 1 (800) 839-8640

Publicada por AuthorHouse 12/11/2019

ISBN: 978-1-7283-3850-7 (tapa blanda)
ISBN: 978-1-7283-3849-1 (libro electrónico)

Numero de la Libreria del Congreso: 2019920249

Información sobre impresión disponible
en la última página.

Contents

Prefacio vii

Mi pluma en las manos del Señor 1
Gota a gota 3
Toma Tu el control 5
La paz que Cristo da 7
Mi refugio 9
Amor a Dios 11
No más dolor 13
Divino Cordero 15
Isaías 53 17
Libro abierto 19
La tempestad 21
Me doy a Ti 25
La venida del Hijo del Hombre 27
Como Tu 29
El Verbo 31
Gracias 33
Divino amor 35
A mi hija 37
A mi madre 39
Tu Fortaleza 41
El Gran Yo Soy 43
A pesar de la tormenta 45
Te alabo, Señor 47
Viajero 49

Acerca del autor 51

Prefacio

Mi pluma en las manos del Señor es la expresión de un deseo íntimo de llevar un mensaje positivo y de aliento a tantas personas que lo necesitan. Este poemario es también un canto de alabanzas al Creador. En el están vertidas las alabanzas y la inspiración que mi Dios me dio cuando se lo pedí en oración.

Estoy segura, amado lector, de que hallarás refrigerio para tu alma cuando leas estos poemas inspirados por Dios. El es el dador de nuestros talentos, los cuales El le da a sus hijos cuando estos lo piden de corazón para darle honra al que honra merece. Espero que disfrutes la lectura de este libro y que te goces en el Señor con cada poema.

Es con mucho cariño que te lo dedico a ti.

Milagros Arzola

Mi pluma en las manos del Señor

Mi pluma, está en tus manos, mi Señor,
para que traces con ella, mi buen Dios,
los pensamientos mas bellos y humanos
que exalten tu grandeza, mi buen Dios.

Mi pluma está en tus manos, mi Señor
para expresarte con ella, y con amor
mi amor profundo en letras de mi mano
que dirigida va por ti, mi Salvador.

Mi pluma está en tus manos, mi Señor,
para tu gloria y honra la usaré,
vertiré por escrito lo que quieras
que yo exprese, mi Jesús en el papel.

Gota a gota

Gota a gota, Señor, tu derramaste
tu sangre preciosa en una cruz,
para darme con tu preciosa sangre
salvación y vida eterna, mi Jesús.

Gota a gota, Señor, la cruz manchaste
con toda tu sangre, y con amor,
la obra redentora consumaste
para poder salvarme, mi Señor.

No merecía, Señor, ni una sola
de tus gotas de sangre, no Señor,
no merecía yo tu sacrificio,
pero eso a ti, Señor, no te importó.

Por eso quiero, Señor, a ti ofrecerte
gota a gota mi vida, tuya soy;
usa tu mis talentos día a día,
para la gloria tuya estos son.

Toma Tu el control

Con Cristo juntamente estoy crucificada
y ya no vivo yo, mas Cristo vive en mí,
hoy las cosas que quiero hacer ya no las hago,
sino la voluntad de aquel que vive en mí.

Cuando mi vano orgullo quiere salir a flote
y amenaza iracundo con otro humano herir,
tan solo una mirada hacia el crucificado
destroza todo orgullo, me ayuda a combatir.

Cuando mi mezquindad quiere hacer su
entrada,
mi yo, el cual es necio, cabida le ha de dar,
mas Tu te diste todo, sin exigirme nada;
si yo te doy mi vida, esa es mi voluntad.

Cuando la ira quiere sobrepasar mi enojo,
recuerdo aquella peña, la cual Moisés golpeó.
tu le ordenaste hablarle, y el la golpeó con ira,
y la entrada a la Tierra Prometida el perdió.

En contra de mi carne esta mi total entrega,
pero Tu eres el eterno alfarero celestial,
el control de mi vida a tu espíritu yo entrego,
para que Tu hagas de mi un vaso de utilidad.

La paz que Cristo da

La paz que Tu impartes, mi Señor,
del mundo no la puedo recibir;
de ti solo proviene, y en tu amor
al hombre la paz haces Tu sentir.

Mi espíritu reposa en ti, mi Dios
¡Cuán perfecta y sublime es Tu paz!
Nada puede medir su intensidad,
e inmensa es como aquel que me la dio.

Nada jamás, mi Dios, perturbará
tan dulce paz que me bridó tu amor
mi espíritu ora y vela en oración
guardando ese tesoro sin igual.

Mi refugio

Señor, tu has sido mi refugio
desde el día en que te conocí;
en vano no llegaste tu a mi vida,
toda mi felicidad la debo a ti.

En terrores nocturnos yo vivía,
fantasmas me asediaban por doquier;
en el pasado están mis fantasías,
en el presente vives tu, mi Rey.

Mi ansiedad, Señor, tu la quitaste,
mi confusión mental quedó atrás,
mis cargas ahora yo pongo en tus manos
para no recogerlas ya jamás.

Señor, tu eres maravilloso,
eres mi guía y eres mi sostén;
todo en mi vida ahora es hermoso,
ahora descanso en ti, para mi bien.

Amor a Dios

El trino melodioso de las aves
no te podrán jamás comunicar
el gran amor que en mi pecho arde
y que a ti, Señor, te ofrezco en humildad.

Esas magnas cascadas que creaste
y que tan bellas suenan al caer,
no pueden entender mis sentimientos.....
no alcanzan a entender su magnitud

Ese sol que nos brinda sus tibiezas
y nos arropa con sus rayos mil
no podrá arropar nunca la grandeza
del sublime amor que guardo para ti.

Esa luna que inspira mil romances
y del amor humano al hombre hace cantar
quizas no entienda el por qué en mi pecho arde
esta llama de amor cual tempestad.

Las aves te alaban con sus trinos,
la naturaleza cuenta tu esplendor,
pero solo mi vehemente corazón expresa
la profundidad inmensa de mi amor por ti.

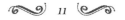

No más dolor

En un desierto penumbroso
en medio de mi aflicción
cuando mas lejos te sentía, mi buen Dios,
alcé mis ojos a los cielos y clamé en
desesperación,
abre las puertas de mi celda y sácame
de esta prisión.
No más dolor, no más dolor, Señor,
sálvame por Tu nombre, Señor, oye mi
oración,
levántame y de tu poder yo cantaré
fortaleza mía, Dios de mi salvación.

Solo dame amor por aquellos que me
hirieron, mi Señor, y que nunca yo les
pague, con dolor, mi dolor,
mi dolor yo lo dejé en la cruz, y en la cruz
se quedará, pues la cruz solo debe ser un
símbolo de amor y perdón.

Divino Cordero

Digno eres cordero, eres inmaculado
te ofreciste a morir en una cruz por mí;
por mí tu enmudeciste, por mí fuiste juzgado
y luego condenado a una muerte tan vil.

Digno, digno eres, cordero,
tu fuiste inmolado por la humanidad;
noble, grandioso sacrificio
de aquel que vivió su vida en santidad.

Y sin merecerlo, molido tu cuerpo fue
y sin una queja todo lo soportaste por mí,
precioso cordero.

Digno eres, cordero
con tu preciosa sangre
limpiaste el pecado de la humanidad;
eres pan de vida, pan de vida eterna,
la ofrenda perfecta para al mundo salvar.

Isaías 53

Despreciado y desechado, así fuiste a la cruz,
Señor,
varón de dolores, experimentado en
quebrantos,
escondimos de ti el rostro, te menospreciamos,
y no te estimamos, te herimos, te lastimamos...

Mas Tu herido fuiste, por nuestras rebeliones,
mas Tu molido fuiste, por nuestros pecados,
el castigo de nuestra paz, fue sobre ti, Señor,
Jesús
y por Tu llaga, Jesús, fuimos nosotros curados.

Fuiste entregado a la muerte, tu sangre la
cruz manchó
y por nuestra iniquidad, fuiste humillado,
Señor.
En la cruz te abandonamos, nos llenamos de
pavor,
y solo te dejamos, en medio de Tu dolor.

Libro abierto

Soy como un libro abierto, mi Dios, para ti
pues Tu conoces todo, todo de mí;
conoces mis flaquezas, también mi debilidad,
conoces todo aquello que aún de mí oculto está.

Pues Tu conoces todo, todo de mí,
Soy como un libro abierto, mi Dios para Ti;
conoces los pasos de mi vida,
conoces mi entrada y mi salida
Tu todo lo escudriñas, poderoso Dios.

Tu espíritu lee, en mi corazón
y me redargulle por mi condición;
¡Que sería de mi vida, si no fuera por Tu amor!
¡Que sería de mí, sin Tu dirección!

Pues Tu conoces todo, todo de mí,
Soy como un libro abierto, mi Dios para ti.
¿Adónde iré, mi Señor, a esconderme de Ti?
Si mi fuera a los cielos, allí en los cielos Tu estás;
Y si en la mar me escondiere, allí Tu me
encontrarás.
Pues Tu conoces todo, todo de mí,
Yo soy un libro abierto, mi Dios para Ti.

La tempestad

Iban los doce discípulos
navegando en una barca
hacia la otra ribera
que Jesús les indicara.

De pronto un viento contrario
que con gran furia azotaba
a la barca extremecía
y de temor los llenaba.

Azotada por las olas
en medio del mar
estaba esa barca, que en peligro
de zozobrar se encontraba.

Mas a la cuarta vigilia
de esa noche tenebrosa
Jesús se acerca a la barca;
sobre la mar caminaba.

Viéndole andar sobre el mar
Turbados se preguntaban
Si acaso sería un fantasma
lo que sus ojos miraban.

Y dieron voces de miedo,
pero Jesús les hablo
y calmándoles les dijo:
"No temais. Mirad, soy yo."
Pedro entonces respondio:
"Si eres Tu, Mi Salvador,
que ande yo sobre las aguas."

"Ven, le dijo el buen Maestro
y Pedro salió de la barca
y anduvo sobre las aguas
para alcanzar a Jesús.

Pero al ver el fuerte viento,
quitó la mira de Cristo,
Pedro fue presa del miedo
y muy pronto empezó a hundirse.

"Señor, sálvame", gritó
Pedro en su desesperación;
Jesús su mano extendió,
y a su auxilio El acudió.

Mas Jesús le reprendió
duramente por dudar
y por su vista quitar
al darle al miedo lugar.

Muchas veces los creyentes,
en el mar de la aflicción
lo mismo que Pedro hacemos:
dudamos del Salvador.

Quitamos de El la mirada,
no le miramos de frente,
y no le abrimos los brazos
cuando El nos recibe siempre.

Presas del miedo dudamos,
Nos hundimos en la prueba
Cuando hay uno que anhela
que acudas a El, mi hermano.

Reposa en Cristo y espera,
Y la victoria verás
pues la fe es la certeza
de lo que ahora no está.

Me doy a Tí

Me doy a Tí, Señor, en una canción,
una melodía que es una ofrenda sublime
para Tí
notas celestes que Tu me inspiras, mi Dios,
las cuales como un río fluyen en mi ser
y son plasmadas con amor en un papel.

Tu mereces, mi Dios, las melodías mas
bellas que puedan existir,
los sentimientos mas puros que un ser
humano pueda expresar
y que te honren y te exalten solo a Tí.

La venida del Hijo del Hombre

El Hijo del Hombre vendrá
cual astuto ladrón en la noche;
gran sorpresa a este mundo causará
la venida del Hijo del Hombre.

Para unos es pura ficción,
fábula es para otros,
vigilia en el corazón
del redimido en su nombre.

Las señales que Él dejó
para marcar su venida
ni una sola queda ya,
ya todas están cumplidas.

De todas esas señales
que dejó mi Salvador,
hay una que sobresale
y que a todos es reloj.

Él nos dijo: "De la higuera
la parábola aprended,
pues cuando hojas esta tenga
el verano habréis de ver."

La higuera ya floreció,
estamos ya en el verano
y pronto aparecerá
Aquel al cual esperamos.

Por si acaso no lo sabes
esa higuera es Israel;
ya a su suelo regresó,
se cumplieron las señales.

El Señor lo prometió
y los plantó con pie firme,
en su tierra los sembró
y florecieron sin límites.

Como Tu

Como Tu, imposible de igualar
Porque llenas mi alma de paz
Y mis tormentas conviertes en calma.

Como Tu, imposible de igualar
Tu amor lavó todos mis pecados
Al verter tu sangre en el Calvario.

Quien como Tu, pagaría por mis culpas,
quien como Tu, daría su vida por mí,
quien como Tu, derramaría su sangre
gota a gota por amor!

Solo Tu, solo Tu, es imposible igualar
Tu immensurable amor.
Solo Tu, solo Tu, es imposible igualar
Tu amor por la humanidad.

El Verbo

En el principio era el verbo,
y el verbo era Dios, y el verbo era con Dios;
todas las cosas fueron hechas por el verbo,
y nada de lo que hay sin el verbo existiría.

Y aquel verbo se hizo carne, y
entre nosotros habitó
y aquel verbo vino al mundo, y
el mundo no le conoció,
mas a los que le aceptaron les
llamó hijos de Dios
y aquel verbo hecho carne les amó,
en el principio era el verbo.

Y ese verbo, amado amigo, ese verbo es mi Jesús
Y ese verbo, amado mío, el es del mundo la luz,
El te ofrece amoroso el don de la salvación,
no rechaces su amorosa invitación;
en el principio era el verbo.

Gracias

Gracias, Señor, por este nuevo día,
pues puedo ver un nuevo amanecer;
y en Tu infinito amor Tu me permites
disfrutarlo hasta el máximo, mi Rey.

Gracias por el trino de las aves
que al rayar el alba escucho sin cesar;
exquisito manjar que Tu me ofreces
y que disfruto llena de tu paz.

Gracias por la luz que puedo ver
la luz de un majestuoso y bello sol,
que tierno me acaricia con sus rayos
con la ternura que Tu pones en el.

Gracias por el aire que respiro
desde el mismo momento en que nací,
gracias, Señor porque Tu en mi vives,
y vivo yo porque Tu vives en mi.

Gracias, Señor, por conocerte,
y por vivir contigo en comunión;
Señor, mi gozo es indescriptible,
mi Dios, tuyo es mi corazón.

Divino amor

Quisiera extender las alas
de mi alma enamorada,
y alcanzate, Dios eterno,
y en tu presencia morar;
quisiera ya estar contigo
disfrutando tu presencia,
contemplando tu belleza
y tu encanto sin igual.

!Oh, Rubio de Galilea,
tu belleza indescriptible
con gran anhelo mis ojos
quisieran ya contemplar;
y esa luz refulgente
que todo tu ser depide
como relámpago eterno,
quisiera ya ver brillar!

Ardientemente deseo
poder desplegar mis alas
y volar a tu presencia
y en sublime adoración
gozarme eternamente
contemplando tu belleza
y disfrutando por siempre
de tu amor sin parangón.

A mi hija

Que no te abata la vida, mi niña,
que el dolor no te turbe ni te pierda;
mira que es efímera y corta, mi niña,
y la calma siempre sigue a la tormenta.

Si acaso es el dolor el que a ti llega,
el tiempo curará todas tus penas,
si una desilusión toca a tu puerta.
una nueva ilusión tocará a ella.

Que esta vida día a día trae sorpresas,
alegrías, desgracias y tristezas;
mas tras una negra noche, mi niña,
un bello amanecer siempre te espera.

Que la vida es la vida, mi niña,
y sorbo a sorbo has de vivirla, con cautela;
porque vale mas que el oro, no tiene precio
y el Señor puso en tus manos esa gema.

A mi madre

La palabra madre encierra
la dulzura sin igual
que toda madre a su hijo entrega
en abnegación sin par.

Madre en todos los idiomas
es sinónimo de amor,
madre, tu eres cual aroma
que emana de bella flor.

De ese néctar de tu cáliz,
cual maravilla de Dios,
producto fui, madre mía,
de ti, madre, nací yo.

La muerte a mi nacimiento
funesta y cruel se acercó,
clamaste al cielo, mi madre,
por un milagro de Dios

Envuelta en llanto, tus manos,
alzaste al cielo en oración,
y a Dios tu le arrebataste
un milagro en tu aflicción

Dios es tan bueno, mi madre,
que contestó tu oración,
hoy también yo le alabo
por su dulce compasión.

Dios completó su milagro
y a las dos El nos brindó
con sus brazos extendidos
su gloriosa salvación

Hoy juntas glorificamos
y alabamos al Señor,
nuestro amor es mas perfecto
si vivimos para Dios.

Tu Fortaleza

Tu Fortaleza me acompañe día a día
para poder mi carrera terminar;
esta lucha es mas ardua cada día;
en mis propias fuerzas no me puedo apoyar.

Una nueva batalla me espera, Rey Eterno,
cada vez que asoma un nuevo amanecer
con mas fuerzas me atacan
las huestes del infierno;
necesito tu ayuda para poder vencer.

¡Que bueno es habitar, Señor, bajo tus alas!
¡Que bueno es Tu Socorro a tiempo recibir!
¡No desmaya mi alma cuando
Tu me acompañas,
si conmigo combates, yo puedo resistir!

Al sonar la trompeta daré un grito de triunfo:
Se acabó la batalla, mi lucha ya terminó;
mi galardón mas grande al irme de este mundo
será cuando te vea en Gloria, mi Señor.

Yo no quiero coronas, ni premios, ni riquezas
solo quiero gozarme en el manjar de tu amor,
solo quiero en la gloria contemplar tu belleza,
alabar tu grandeza y admirar tu esplendor.

El Gran Yo Soy

Que toda lengua confiese,
que Tu eres Señor,
toda rodilla se doblará
ante el Santo de Israel,
porque Tu eres excelso Rey
eres principio y eres fin,
te exaltamos a ti, te adoramos, Señor,
¡Tu eres el Gran Yo Soy!

¡Toda nación te adorará
oh, Santo de Israel!
Toda gloria y toda honra
te pertenecen solo a ti;
porque Tu eres el Gran Yo Soy
sublime y alto eres Tu;
por eso todos los pueblos te honrarán,
y toda rodilla se doblará,
para adorar al Gran Yo Soy!

A pesar de la tormenta

A pesar de la tormenta Tu
me guardas, mi Jesús,
eres mi refugio eterno, eres
mi ancla, eres mi luz;
y en medio de la prueba, me
invade tu inefable paz,
¡Que grato es servirte a ti, mi amado Señor!

Guarda mi vida, Dios, guarda mi corazón,
que la maldad mi alma no
pueda alcanzar jamás;
y así será, mi buen Jesús, si Tu
en mi mente siempre estás;
Inunda todo mi ser, con Tu presencia Señor.

A pesar de la tormenta, me
acompañas, mi Jesús,
Tu me cargas en tus brazos, y
mis cargas llevas Tu;
Y si conmigo siempre vas, a nada yo he de temer
Y en medio de mis pruebas, tus
promesas reclamaré,
porque sé que Tu eres fiel, mi amado Jesús.

Te alabo, Señor

Te alaba mi alma, Señor mío,
con todo mi ser y mi razón te alabo yo;
te alaban mis entrañas, mis sentidos;
¡Que glorioso y sublime es tu amor!

¡Cuán grandes son tus misericordias!
¡Cuan santo y perfecto es tu amor
al hombre sacaste de la nada,
y diste a su vida gran valor!

Cambiaste todo su lamento en baile,
le diste gozo sin igual, mi Dios,
diste un nuevo rumbo a su vida
y pusiste en sus labios nueva canción.

Por eso yo, Señor, te glorifico,
no me canso de alabarte, mi gran Dios;
te alabaré por siempre mientras viva,
recibe mi alabanza, mi creador.

Viajero

Viajero que caminado
te encuentras hacia Canáan
largo camino te resta
viajero por caminar.
Tentado serás a veces
con retornar hacia atrás,
pero si dejas a Cristo
la victoria no obtendrás.

Que este camino no es fácil,
muchos obstáculos hay,
mas grande es la recompensa
que al final El te dará.
Viajero, es muy peligroso
del frente la mira quitar,
mas siempre será muy honroso
con paso firme el llegar
Que un día al rayar el alba
la esposa de Lot miró hacia atrás
y por su desobediencia
volvióse una estatua de sal.

Acerca del autor

La Sra. Milagros Arzola reside en Florida junto a su esposo, con quien ha estado casada por 46 años. Hizo su bachillerato en Artes en la Universidad de Puerto Rico. Terminó su maestría en el Lesley College, en Cambridge, Massachusetts. Actualmente es una miembra activa en una iglesia cristiana en el estado de Florida, en la cual tanto ella como su esposo son líderes en esta congregación.

Printed in the United States
By Bookmasters